VOCÊ CONHECE A MALALA?
SHEL SILVERSTEIN?
FRIDA KAHLO?
E
TUCARANTE?

Juliana Melo de Paula

Editora Appris Ltda.
1.ª Edição - Copyright© 2020 dos autores
Direitos de Edição Reservados à Editora Appris Ltda.

Nenhuma parte desta obra poderá ser utilizada indevidamente, sem estar de acordo com a Lei nº 9.610/98. Se incorreções forem encontradas, serão de exclusiva responsabilidade de seus organizadores. Foi realizado o Depósito Legal na Fundação Biblioteca Nacional, de acordo com as Leis nos 10.994, de 14/12/2004, e 12.192, de 14/01/2010.

Catalogação na Fonte
Elaborado por: Josefina A. S. Guedes — Bibliotecária CRB 9/870

O482v
2020

Oliveira, Juliana Melo de Paula de
    Você conhece a Malala? Shel Silverstein? Frida Kahlo? E Tucarante? / Juliana Melo de Paula de Oliveira; ilustrações Jefferson Larsen, Fernando André. - 1. ed. – Curitiba: Appris, 2020.
    20 p. : il. , 16 cm – (Artêra)

    ISBN 978-85-473-4139-8

    1. Literatura infantojuvenil. I. Título. II. Série.

CDD - 028.5

Editora e Livraria Appris Ltda.
Av. Manoel Ribas, 2265 – Mercês
Curitiba/PR – CEP: 80810-002
Tel. (41) 3156 - 4731
www.editoraappris.com.br

Printed in Brazil
Impresso no Brasil

FICHA TÉCNICA

EDITORIAL
Augusto V. de A. Coelho
Marli Caetano
Sara C. de Andrade Coelho

COMITÊ EDITORIAL
Andréa Barbosa Gouveia - UFPR
Edmeire C. Pereira - UFPR
Iraneide da Silva - UFC
Jacques de Lima Ferreira - UP
Marilda Aparecida Behrens - PUCPR

PRODUÇÃO EDITORIAL
Bruno Ferreira Nascimento
Fernando Nishijima
Giuliano Ferraz
Jhonny Alves
Lucas Andrade
Luana Reichelt
Yaidiris Torres

REVISÃO
Alana Cabral

DIAGRAMAÇÃO
Jeferson Larsen

CAPA
Jeferson Larsen

COMUNICAÇÃO
Carlos Eduardo Pereira
Débora Nazário
Karla Pipolo Olegário

LIVRARIAS E EVENTOS
Estevão Misael

GERÊNCIA DE FINANÇAS
Selma Maria Fernandes do Valle

VOCÊ CONHECE A MALALA?
SHEL SILVERSTEIN?
FRIDA KAHLO?

E TUCARANTE?

Autora:
Juliana Melo de Paula é psicóloga, especialista em Psicologia da saúde, junguiana, mãe e escritora. Esse último soa muito familiar, já que reconhece na palavra escrita um encontro de sua alma.
Tucarante inicia o voo de um sonho, antes distante, que com o aconchego da turma do infantil VI da Escola Trilhas em Curitiba-PR no ano de 2018 pôde chegar à realidade. Inspirado pelos relatos de seu filho Bernardo, espero que tucarante encontre voos distantes e possíveis de se conectar com cada leitor.

Dedicatória:
Dedico este livro a Augusto, Bernardo, Caetano, Luisa e toda a turma do peixe-boi.

NO CANTO DO PALCO, CHAMOU A ATENÇÃO DELE OS CABELOS AZUIS!

COM CANTO LIVRE E DESAFINADO, ERA POR ONDE CAMINHAVAM CARAMINHOLAS DE PENSAMENTOS DESAVISADOS.

ELE PASSOU A GOSTAR DE CANTOS.

NO CANTO DA SALA, CRIAVA BOLAS, BATUQUES, LEGOS E OUTROS;
NO CANTO DA ESCOLA, A AMAZÔNIA, O CERRADO E MUITAS CURIOSIDADES;
NO CANTO DO QUARTO, SUAS MEDALHAS E TODO O SEU DESCONTENTAMENTO;
NO CANTO DA CUCA, SEUS ENCANTOS E TROPEÇOS!

ATRÁS DA CORTINA, COMEÇOU A CRIAR UM CANTO EM SEGREDO, ONDE PODERIA SER TANTOS OUTROS E ATÉ ELE MESMO CONSTRUIU UM CASTELO SECRETO E ADOTOU SEU PRIMEIRO ANIMAL DE ESTIMAÇÃO:

ERA UMA ÁGUIA REAL CHAMADA MALALA.

ELA VESTIA LENÇO E TINHA MUITAS CICATRIZES NA CARA.

A ELA, ELE CONFESSOU QUE NO CANTO DO ESTÔMAGO, ESTAVA GUARDANDO ALGUMAS BORBOLETAS E TAMBÉM COMIDAS SEM SABOR.

MALALA SABIDA LOGO FOI DANDO UM JEITO DE ENSINAR A ELE QUE AS BORBOLETAS SE CHAMAM ANGÚSTIA, E QUE ELA CONHECIA BEM COMO TRANSFORMAR ÁGUIA REAL EM FALCÃO PEREGRINO, E SAIR POR AÍ SEM DESTINO.

O MENINO, ATENTO ÁS SUAS HISTÓRIAS DA ÁSIA, FOI APRENDENDO POR PAIXÃO A RESPIRAR FUNDO E ACALMAR AQUELE TURBILHÃO.

MALALA PEDIU QUE SOBRE COMIDAS SEM SABOR GOSTARIA DE APRESENTAR AO MENINO SEU AMIGO CANINO CHAMADO SHEL.

O MENINO PENSOU COM MEDO E QUASE HESITOU, MAS LEMBROU A TEMPO QUE A CORAGEM TAMBÉM SENTE MEDO, PISOU FIRME E ENCAROU!

SHEL CHEGOU LAMBENDO FEITO MEL, E NUM INSTANTE O MENINO GOSTOU!

SHEL ENSINOU A ELE EM CACHORRÊS UMA LÍNGUA MUITO PRATICADA POR LÁ, QUE A PARTE QUE FALTA, SE EXAGERO, PODE TRANSFORMAR
CANINOS BRANCOS EM GIGANTES SEM COR.

MUITO PREOCUPADO, O MENINO ESPERTO GUARDOU ESSE SEGREDO E DEIXOU PARA USAR ESSE CANTO NAS FÉRIAS DO INTERIOR.

EM POUCOS DIAS, ATRÁS DAQUELA CORTINA, SURGIRAM GRANDES LABIRINTOS, VULCÃO, MONTANHAS, ESTRADAS... E COR!

COM LÁPIS, OS TRÊS CRIARAM ARTES, E SURGIU DO PAPEL UM DESAFIO!

DAR NOME AO DESENHO FEITO EM CONJUNTO SEM DESRESPEITAR OPINIÕES.

DECIDIDOS, DERAM A ELE O NOME DE TUCARANTE...

SERIA A MISTURA DE ARARA, TUCANO E GIGANTE: ERA GRANDE, COLORIDO, USAVA PENAS COM PELOS LONGOS, OLHOS ALARMADOS, SOBRANCELHAS GROSSAS E BRILHAVA FEITO DIAMANTE.

FIRMARAM UM COMBINADO, NO PRÓXIMO DIA ENSOLARADO, AO PÔR DO SOL, ELES DE OLHOS FECHADOS, CHAMARIAM AQUELE NOME PARA VER SEU RESULTADO.

TRATO FEITO. DERAM AS MÃOS E: TUCARANTEEEEEEE... - ECOOU.

FORAM TRÊS TENTATIVAS E NADA. TUDO BEM, A BRINCADEIRA CONTINUAVA.

ESCREVERAM CARTAS CURSIVAS QUE SÓ OS TRÊS ENTENDIAM, E NADA DE NOVO ROLOU.

OS TRÊS PENSARAM QUE PRECISAVAM LEVAR AO CORREIO, CRIARAM EM SEU IMAGINÁRIO E... A RESPOSTA NÃO VEIO.

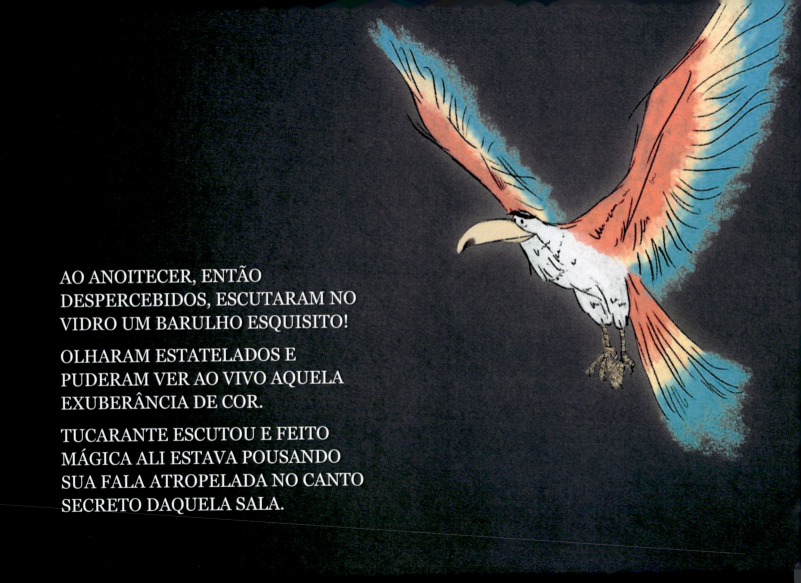

AO ANOITECER, ENTÃO DESPERCEBIDOS, ESCUTARAM NO VIDRO UM BARULHO ESQUISITO!

OLHARAM ESTATELADOS E PUDERAM VER AO VIVO AQUELA EXUBERÂNCIA DE COR.

TUCARANTE ESCUTOU E FEITO MÁGICA ALI ESTAVA POUSANDO SUA FALA ATROPELADA NO CANTO SECRETO DAQUELA SALA.

- SHIIIIII ... - DISSE MALALA. - AQUI SOMOS TODOS UM! E VOCÊ, QUEM É?

TUCARANTE DISSE: ME CHAMO FRIDA E NÃO ME CALO. VIM DE TERRAS MEXICANAS ENSINAR A VOCÊS A NÃO CRIAREM EXPECTATIVAS. POIS UMA OBRA DE ARTE DEVE SER FEITA SEM NADA PROPOR!

O TRIO FEITICEIRO RIU POR UM LONGO TEMPO E APRENDERAM QUE, AO FECHAREM OS OLHOS, PODERÃO CRIAR O UNIVERSO INTEIRO, VINDO DO MUNDO DA IMAGINAÇÃO!

FORAM JUNTOS AO JAPÃO, O MENINO PÔDE SER SAMURAI, NINJA E HERÓI, CANINO BRANCO, SER LOBO, ELEFANTE E PEIXE-BOI.

MALALA SER LIVRE CANTAROLAR, SER TIGRE BRANCO E TOCAR TAMBOR!

DENOMINARAM UM CANTO, NO LADO DE DENTRO, QUANDO TUCARANTE ALÇOU SEU VOO....

CHAMARIA SAUDADE.

DE TUDO AQUILO QUE FOI OU AINDA NÃO!

SE PARECIA COM MÁGICA, E O CASTELO PASSOU A SER O LUGAR MAIS INTERESSANTE DA CASA!

O MENINO QUE CRIAVA CANTOS SE VIU ORGULHOSO (COM AS MÃOS NO BOLSO), AO OLHAR TUDO AQUILO COM SATISFAÇÃO.

CRIANDO CANTOS, TRILHOU PELA VIDA UM CAMINHO DE EXPLORAÇÕES A SEU FAVOR.

...FIM...

ILUSTRAÇÕES
JEFFERSON LARSEN
FERNANDO ANDRÉ